ALPHABET

DU PETIT

NATURALISTE,

Arrangé

Pour les Enfans de 5 à 10 ans.

ORNÉ

de quinze figures.

X PARIS,

CHEZ TOUS LES LIBRAIRES.

X

DIJON, IMP. DE NOELLAT FILS.

ALPHABET.

A B C D
E F G H
I J K L
M N O P
O R S T
U V X Y Z.
Æ OE W.

4

a b c d e f g h i
j k l m n o p q
r s t u v x y z.

LETTRES DOUBLES.

æ œ ff fi ffi fl ffl.

ALPHABET EN PLUS FIN.

A B C D E F G
H I J K L M N
O P Q R S T U
V X Y Z

ALPHABET PLUS PETIT.

a b c d e f g h i
j k l m n o p q r
s t u v x y z.

VOYELLES.

a e i o u *et* y.

LETTRES ACCENTUÉES.

Accent aigu : é.
Accent grave : à è ù.
Acc. Circonflexe : â ê î ô û.
Tréma : ë ï ü.

SYLLABES.

ba be bi bo bu
ca ce ci co cu
da de di do du
fa fe fi fo fu
ga ge gi go gu
la le li lo lu
ma me mi mo mu
na ne ni no nu
pa pe pi po pu

qua que qui quo
ra re ri ro ru
sa se si so su
ta te ti to tu
va ve vi vo vu
xa xe xi xo xu
za ze zi zo zu
ab eb ib ob ub
ac ec ic oc uc
ad ed id od ud

8

af ef if of uf
ag eg ig og ug
al el il ol ul.
abs ebs ibs obs
als els ils ols uls
bab beb bib bob
dad ded did dod
lal lel lil lol lul
pap pep pip pop
rar rer rir ror

sas ses sis sos
vas ves vis vos

ÉPELLATION.

Pa-pa, ma-man, fan-fan, che-val, mal-heu-reu-se. Jou-jou, tou-tou, mi-mi, pe-tit, si-rop, gâ-teau, jardin, rai-sin, rose, ar-bre, no-ti-on, ce-ri-se, pi-er-re, Cé-ci-le, mi-li-eu roy-au-me, pois, vo-lail-le, bois, co-quil-la-ge, riz, poi-re, que Dieu soit lou-é.

Mots plus difficiles à épeler.

bas.	Le chien.
blé.	Le jour.
chat.	Le soir.
nez.	La nuit.
pain.	L'ar-bre.

MOTS ET PHRASES
A ÉPELER.

chat miaule.

n nez est court.

pain est cuit.

chien est fidèle.

din, rai-sin, rose,
ar-bre, no-ti-on,
ce-ri-se, pi-er-re,
Cé-ci-le, mi-li-e,
roy-au-me, pois,
vo-lail-le, bois,
co-quil-la-ge, riz,
poi-re, que Dieu
soit lou-é.

Mots plus difficiles à épeler.

Le bas.	Le chien.
Le blé.	Le jour.
Le chat.	Le soir.
Le nez.	La nuit.
Le pain.	L'ar-bre.

MOTS ET PHRASES
A ÉPELER.

Le chat miaule.
Mon nez est court.
Le pain est cuit.
Le chien est fidèle.

Bonjour, mon papa.
Bon soir, mon frère.
Bonne nuit maman.
L'arbre est haut.
Les bas sont de laine
Le blé est mûr.

Mots plus difficiles à épeler.

**In-di-gna-ti-on. Pa-ti-en-ce.
In-di-vi-si-bi-li-té. Or-phe-lin.
Pa-trouil-le. Ci-trouil-le.
Bon-ne-ment. Vo-lail-le.
Fau-teuil. Feuil-le. Phra-se.
Ail. Cuir. Co-quil-la-ge.
Scor-pi-on. I-ne-xo-ra-ble.
Li-ma-çon. Épi-lep-sie.
Ex-cel-lent. Prin-temps.**

La cu-ri-o-si-té et la gour man-di-se sont deux vi-ce dé-tes-ta-bles que nous de-von é-vi-ter. É-vi-tons é-ga-le-ment de nous met-tre en co-lè-re. *Res-pec-tons le mal-heur.*

―――

J'ai-me mon Pa-pa et Ma-man.

Je se-rai bi-en sa-ge, et l'on m'ai-me-ra bi-en.

J'i-rai me pro-me-ner tan-tôt, si le temps est beau.

Quand j'au-rai bi-en lu ma le-çon, on me don-ne-ra des dra-gées

Les cou-teaux cou-pent,

les é-pin-gles pi-quent, les chats é-gra-ti-gnent, le feu brû-le.

Voi-ci un che-val; il a qua-tre jam-bes; les oi-seaux n'ont que deux pat-tes; mais ils ont deux ai-les; ils vo-lent.

Les pois-sons ne vo-lent pas, ils na-gent dans l'eau, les pois-sons ne pour-raient pas vi-vre dans l'air.

Le-vez la tê-te, vous ver-rez le so-leil.

FABLE A ÉPELER.

Le Moineau et ses Petits.

Un Moi-neau a-vait pla-cé son nid dans le trou d'un mur. Au-cu-ne bê-te mal-fai-san-te n'y pou-vait par-ve-nir.

Le Moi-neau é-le-vait tran-quil-le-ment sa fa-mil-le. Il au-rait été heu-reux, si ses pe-tits eus-sent vou-lu l'é-cou-ter; mais à cha-que ins-tant ils ve-naient sur le bord du nid; le pau-vre oi-seau trem-blait, dans la crain-te de les voir tom-ber.

Il vou-lait les re-te-nir dans le fond du nid, mais ils ne le vou-laient point.

Un jour qu'il é-tait sor-ti, ils se fi-rent un plai-sir de lui dés-o-bé-ir. Ils s'é-loi-gnè-rent, plus que les pre-miè-res fois, et furent très-loin. N'ay-ant pas en-co-re de plu-mes aux ail-es, ils ne pu-rent vo-ler, et tom-bè-rent à ter-re.

A-lors ils se re-pen-ti-rent bi-en de leur im-pru-den-ce, mais il n'é-tait plus temps.

Un gros chat qui pas-sait par là les cro-qua sur le champ. Ce fut ain-si qu'ils fu-rent pu-nis de leur dés-o-bé-is-san-ce.

Ce-la vous ap-prend, En-fans, qu'il faut o-bé-ir à vos Pè-re et Mè-re, et ne ri en en-tre-pren-dre sans les con-sul-ter.

AUTRE FABLE.

LE RENARD ET LE CORBEAU.

Un Corbeau tenait un fromage dans son bec. Un Renard en sentit l'odeur, et s'avançant vers le Corbeau : Que vois-je ! lui dit-il d'un air surpris. On m'avait fait entendre que votre plumage était noir. Eh! Grand Dieu, celui d'un Cygne n'est pas plus blanc! De grâce, seigneur Corbeau, permettez que je vous contemple un moment tout à mon aise. Sans flatterie, vous me semblez si beau, que je ne puis me lasser de vous admirer. Mais, ajouta-t-il en adoucissant sa voix, je suis bien persuadé que la beauté n'est pas la seule perfection qui vous distingue. La nature, qui s'est plu à vous rendre le plus accompli de tous les oiseaux, vous a donné sans doute une voix divine ; et pour bien chanter, il n'est, j'en jurerais, dans nos bois que vous et le rossignol. A ce discours, le Corbeau, tout transporté d'aise, voulut faire voir que le Renard ne se trompait pas, et ouvrit le bec pour chanter ; mais en l'ouvrant il laissa tomber sa proie, et le renard s'en saisissant, prit aussitôt congé du Corbeau, aussi satisfait, disait-il, en le raillant, de la bonté du fromage, que de la beauté de sa voix.

Apprenez que tout flatteur vit aux dépens de celui qui l'écoute.

DESCRIPTION
DES
ANIMAUX
REPRÉSENTÉS
DANS CET ABÉCÉDAIRE.

L'AIGLE.

L'AIGLE est surnommé le roi des oiseaux. Il y a plusieurs espèces d'Aigles; nous ne parlerons que de celui qui se rencontre dans ces pays, et qui est de la grande espèce. L'Aigle a trois pieds de hauteur et huit pieds de large, quand ses ailes sont étendues.

Il se plaît dans les montagnes où il donne la chasse aux autres oiseaux, afin de se nourrir. L'Aigle est tellement fort qu'il enlève, sans trop se gêner, les oies et les grues : poussé par la faim et afin de nourrir ses petits et leur mère, il enlève les agneaux qu'il met en pièces, et en transporte les morceaux dans son nid. L'Aigle s'élève très-haut dans les airs : il vit plus de cent ans. Cet oiseau est très-sobre et ne boit presque jamais.

LE CERF.

(Voir la planche du Frontispice.)

Le Cerf et l'un de ces animaux innocens, doux et tranquilles, qui ne semblent être faits que pour embellir, animer la solitude des forêts, et occuper loin de nous les retraites paisibles de ces jardins de la nature. Sa forme élégante et légère, sa taille aussi svelte que bien prise, ses membres flexibles et nerveux, sa tête parée plutôt qu'armée d'un bois vivant, et qui, comme la cime des bois, tous les ans se renouvelle : sa grandeur, sa légéreté et sa force le distinguent assez des autres habitans des bois. Le Cerf paraît avoir l'œil bon, l'odorat exquis et l'oreille excellente. Lorsqu'il veut écouter, il lève la tête, dresse les oreilles, et alors il entend de fort loin : lorsqu'il entre dans un petit taillis ou dans quelque autre endroit à demi couvert, il s'arrête pour regarder de tous côtés, et cherche ensuite le dessous du vent pour sentir s'il n'y a pas quelqu'un qui puisse l'inquiéter.

Le Cerf paraît aussi écouter avec autant de tranquillité que de plaisir le chalumeau ou le flageolet des bergers : aussi les chasseurs se servent quelquefois de ce moyen pour le rassurer. Le Cerf craint beaucoup moins l'homme que les chiens, et ne devient défiant et rusé qu'à mesure qu'on l'inquiète. Il mange lentement et choisit sa nourriture ; il nage avec facilité. Le Cerf s'apprivoise parfaitement ; on en voit même qui sont dressés et qui exécutent de forts jolis tours d'agilité.

LE CHAMEAU.

Les plus grands Chameaux portent mille et jusqu'à douze cents pesant sur leur dos, et les plus petits six à sept cents livres. Dans les voyages de long cours, on règle leur marche à dix ou douze lieues par jour, quoiqu'ils puissent en faire bien d'avantage.

Pour prendre la charge, ils fléchissent les genoux à la voix de leur

conducteur, mettent le ventre contre terre, et demeurent dans cette posture jusqu'à ce qu'on leur ait commandé de se relever. Lorsqu'ils se sentent surchargés, ils demeurent constamment couchés, afin qu'on les allège d'une partie de leur fardeau.

Le Chameau est originaire d'Afrique, aussi ce quadrupède aime beaucoup la chaleur.

LE CHIEN.

Le Chien est doué d'intelligence, de vigilance et de fidélité; il est regardé comme le gardien, le compagnon et l'ami de l'homme. Heureux celui qui en trouve un aussi sincère et aussi fidèle que cet animal, qui mourra plutôt à côté de son maître que de se laisser séduire pour le trahir. Aucun autre animal ne s'attache autant à l'homme que le Chien, Il connaît le son de voix de son maître, et prouve par ses regards qu'il est prêt à lui obéir.

Les Chiens sont très-utiles aux hommes. Un Chien conduira seul un troupeau de moutons.

Le Chien est l'animal le plus intelligent que nous connaissions, très-souvent on le voit conduire son maître qui est aveugle.

L'ÉLÉPHANT.

L'éléphant est celui des quadrupèdes (animaux à quatre pattes) qui est le plus gros, et qui est doué du plus d'instinct. Cet animal nous vient d'Afrique; il a la couleur cendrée, une tête large et monstrueuse,

Baleine.

Loup.

avec deux défenses dont on tire l'ivoire qui sert pour faire les objets dont nous nous servons journellement, ses oreilles sont très-larges et épaisses, il a pour nez une trompe de laquelle il se sert pour tout faire ; il saisit avec sa trompe les objets les plus petits, il débouche une bouteille, il scie du bois, il frappe avec un maillet. Quand cet animal est en colère il aspire de l'eau avec sa trompe et la lance contre celui qui cause son mécontentement.

LA BALEINE.

La Baleine qui est le plus gros des poissons de mer, est surnommée le roi des poissons. Ce poisson est monstrueux par sa longueur et par sa grosseur ; dix personnes pourraient tenir seulement dans sa tête ;

ce poisson a de trois à quatre cents pieds de long ; il se trouve accoutumément dans les mers glaciales où on les pêche afin d'en obtenir des huiles très-estimées pour l'apprêt des cuirs, et leurs côtes avec lesquelles on fait les baleines de parapluies, des cannes et différens objets à notre usage journalier. La chair de Baleine est coriace et ne peut se manger.

LE LOUP.

Le Loup n'est autre chose que le chien sauvage, il est très-carnassier, il ne vit que de chasse et de rapine, il mange presque tous les animaux plus petits que lui, mais celui qu'il préfère c'est l'agneau.

Le Loup est ennemi de toute société, il se retire au moindre bruit;

Papillon.

Ours.

l'instrument qui l'effraie le plus est le violon; il n'y a de bon dans le loup que sa peau dont on fait des fourrures chaudes et durables.

LE PAPILLON.

Il existe beaucoup de sortes de gros et petits Papillons; leur genre de vivre est le même pour tous. Après avoir exploité les racines, pendant qu'ils ne sont encore que vers de terre, au printemps, ces vers se forment en coques, et quelques jours après, de cette coque sort le Papillon que vous voyez et qui promène de fleur en fleur ses couleurs variées et éclatantes pour aspirer le suc de ces fleurs qui lui sert de nourriture.

L'OURS.

Il y a plusieurs sortes d'Ours, la plus commune est celle que nous voyons journellement danser assez lourdement dans nos rues.

Cet animal féroce se trouve dans les forêts de l'Allemagne et dans les montagnes des Alpes. Il est très-difficile de les prendre, on n'y parvient qu'en leur tendant des pièges. La chair de l'Ours est mangeable, mais sa graisse est précieuse pour différentes maladies où on l'emploie avec avantage.

LE PÉLICAN.

C'est un oiseau de proie qui vit de poisson. Il est gros comme un signe, et blanc comme lui; mais

Pélican.

Dauphin.

quand il s'emporte ou s'irrite, son plumage devient rose ou presque rouge, et redevient blanc quand il est de sang-froid. Il ne vit que de poisson; il nage et vole à merveille. C'est l'emblême des paresseux : manger, dormir sont ses seules occupations; il aime mieux se laisser prendre que d'interrompre son repos.

LE DAUPHIN.

Le Dauphin est réputé pour être l'ami de l'homme, il suit presque toujours les vaisseaux. Cet animal a quinze pieds de long. Quand il arrive qu'à la pêche du Dauphin on le blesse, tous les autres Dauphins accourent pour le secourir et c'est précisément dans cette circonstance où ils se font tous prendre en voulant secourir leur semblable, cela prouve chez les Dauphins beaucoup d'affection entre eux. La graisse de ce poisson fournit une quantité prodigieuse d'huile très-estimée.

LE RHINOCÉROS.

Le Rhinocéros se trouve communément en Asie ; il porte sur le nez une corne très-dure qui lui sert de défense.

Cet animal a la peau tellement dure que les balles de fer ou de plomb lui glissent dessus sans entrer; il faut l'atteindre à la tête pour le tuer. Le Rhinocéros ne vit qu'au bord des rivières où il trouve beaucoup de petits crocodiles et une masse de poissons qui sont déposés au bord au moment des inondations. Cet animal ne peut s'apprivoiser.

LE SINGE.

On connaît une quantité infinie de Singes, mais celui qui est le plus remarquable est le singe Jocko. Ce singe marche habituellement sur ses deux pattes de derrière, et c'est pour cela qu'il ressemble un peu à l'homme. Ce Singe marche habituellement avec un bâton son arme favorite; ce bâton lui sert à abattre les fruits dont il se nourrit, et lui sert également pour sa défense contre les autres animaux. Le Jocko s'aprivoise, il est même assez docile; on l'apprend à faire l'exercice, on en voit même qui servent à la table.

LE RAT.

Il y a plusieurs sortes Rats; nous parlerons de celui que nous voyons journellement. Le Rat, comme vous savez, a un poil cendré et une longue queue; il est carnassier, il préfère les choses dures aux plus tendres; il ronge la laine, les étoffes, les meubles, enfin tout lui convient. Cet animal nuisible a une morsure vénimeuse et difficile à guérir.

LE XOCHITOL.

Ce petit oiseau de la Nouvelle-Espagne est de la grosseur du moineau, son plumage est jaune, brun, blanc et noirâtre; il sifle très-bien et vit d'insectes et de graines. Le Xochitol suspend son nid aux branches; il ne couve qu'une fois par an; sa chair est délicate et recherchée par les gourmands.

FIN DE L'HISTOIRE DES ANIMAUX.

Rat.

Xochitol.

COMPLIMENS.

A SON PAPA.

En te présentant cette fleur,
Ton enfant t'offre peu de chose;
Mais il te donne aussi son cœur,
Un bon cœur vaut mieux qu'une rose.

A SA MAMAN.

Pour le jour de sa Fête.

Chants de reconnaissance et d'amour,
A ma mère je vous adresse;
A ma mère dont en ce jour
J'honore la vive tendresse.
Bonne maman, reçois ces fleurs
Que t'offre la main de l'enfance;
C'est le seul encens qu'aux bons cœurs
Présente la douce innocence.

AUX MÊMES.

Pour le jour de leur Fête.

Ce n'est point en offrant des fleurs
Que je veux peindre ma tendresse;

De leur parfum, de leurs couleurs,
En peu d'instans le charme cesse.
La rose naît en un moment,
En un moment elle est flétrie;
Mais ce que pour vous mon cœur sent,
Ne finira qu'avec ma vie.

A PAPA.

Pour le premier jour de l'An.

Si le ciel exauce mes vœux,
Il prolongera tes journées:
Car lorsqu'on fait des heureux,
On ne vit jamais trop d'années.

A MAMAN.

Pour le premier jour de l'An.

Santé, contentement, plaisir,
Sont les souhaits de mon enfance;
Le ciel exauce les désirs
Qui sont formés par l'innocence.

FIN.

Dijon. — Imprimerie de Noëllat fils, rue de la Liberté.

www.ingramcontent.com/pod-product-compliance
Lightning Source LLC
LaVergne TN
LVHW021701080426
835510LV00011B/1519